¡Sssssshhhhhhhhhhh!

Haz del teatro algo íntimo

Llévalo siempre en el bolsillo

Cubierta y diseño editorial: Éride, Diseño Gráfico
Dirección editorial: ángel jiménez

Primera edición: diciembre, 2025

cheeck to cheeck
© Germán Ubillos
© VdB®, 2025
Espronceda, 5
28003 Madrid

VdB®

ISBN: 979-13-87644-64-2
Depósito Legal: M-27638-2025
Diseño y preimpresión: Éride, Diseño Gráfico

Este libro protege el entorno

cheeck to cheeck

Germán Ubillos
(Madrid)

Dramaturgo español, licenciado en Derecho y en Dirección de empresas tiene en su haber el Premio Nacional de Teatro, por *La Tienda*; el Premio Guipúzcoa de Teatro, por *El llanto de Ulises*; el Premio Provincia de Valladolid de Teatro, por *El cometa azul*, y fue finalista del Premio Nadal de Novela. Ha sido guionista de TVE para Espacios Dramáticos. Ha colaborado en diarios nacionales como ABC, La Razón, El Imparcial, Ya, Pueblo y La Agencia Pyresa, y ha obtenido diferentes premios en el ámbito del periodismo. Tiene una veintena de novelas publicadas, entre ellas, *La infancia mágica*, *Poco a poco*, *Tiempo*, *Cambio climático*, *La peste negra*, *La calle de los amores* o *Largo retorno* que ha sido llevada al cine.

GERMÁN UBILLOS

cheeck to cheeck

La música es el verdadero lenguaje universal.

K. J. Weber

Personajes
Por orden de actuación

JOAQUÍN   Escritor, cuarenta años, ensimismado, entregado por completo a su mundo, el mundo de las ideas.

ESTÍBALIZ   Su mujer, de treinta años, muy inquieta, con una rara e indefinible frustración y que no para de intentar moverlo.

ARTURITO   Hijo de ambos, apasionado al fútbol, que no para de darle al balón y romper objetos.

MUSTAFÁ   Amigo de Estíbaliz, de treinta y cinco años, es alto, simpático, agraciado, luce una coleta, trabaja la cosmética y el «crecepelo», le da algo al alcohol, es islamista pero está occidentalizado.

SEBASTIÁN   Sacerdote amigo de Joaquín que representa altas inversiones del Vaticano.

MALÍN   Joven sueca de veinticinco años, personaje del libro que está escribiendo Joaquín; sus ojos son de color «verde-azul-gris», su cabello rubio como el oro, tiene una belleza y perfección inefable y turbadora.

2♂ 4♂

El escenario es de «doble nivel», en la parte de
la izquierda según se mira hacia él y sobre un sobre suelo o tarima que lo separa, dos suaves escalones más alto, está la moderna mesa de trabajo de JOAQUÍN con una cómoda butaca reclina-
ble, el ordenador de pantalla de plasma, el
CPU, el teclado, la pequeña impresora, una li-
brería-archivador, dos pequeños cuadros impre-
sionistas y el flexo modernísimo. En el «nivel de
abajo» una especie de salón de estar, con tres o
cuatro butacas, una librería en colores claros, dos
cuadros abstractos «de firma», el mueble bar, el
equipo de música y dos minibaflex. La luz de la
tarde ilumina la sala, el «estudio de JOAQUÍN»
queda en la semipenumbra, se adivinan sus for-
mas. ESTÍBALIZ, muy atractiva, con falta tablea-
da de volantes, baila con MUSTAFÁ la melodía titulada «Cheek to Cheek», de Irving Berlin y que
da título a la obra, ambos están radiantes y en-
cantadores, él puede llevar un ligero chaleco sobre una camisa de color y bailando balancea suavemente su coleta.

«Heaven, I'm in heaven,
And my heart beats so that I can hardly speak.
And I seem to find the happiness I seek
When we're out together dancing cheek to cheek».

> *La escena se prolonga para gran placer de ellos
> y del público, al final la melodía de Irving Berlin
> va cediendo hasta desaparecer y ellos, sonrientes
> y divertidos, terminan dando un paso más espec-
> tacular, dejándose caer cada uno en un sillón.*

ESTÍBALIZ   (*Ríe.*) ¡Oh, qué placer, creía que volaba!

MUSTAFÁ   (*Con marcado acento entre árabe e inglés.*) Contigo es maravilloso bailar...

ESTÍBALIZ   Sobre todo tratándose de Irving Berlin.

MUSTAFÁ   Es único. Es grato vivir aquí.

ESTÍBALIZ   Qué bien me siento siendo tu amiga; un ciu-
dadano del mundo.

MUSTAFÁ   Cuidado. Soy musulmán.

ESTÍBALIZ   (*Divertida.*) Como si eres de la China.

MUSTAFÁ   Rezo mis oraciones a Alá prescritas por Mahoma. El Corán es mi libro, no como cerdo nun-
ca, ayuno en Ramadán, viajo a La Meca...

ESTÍBALIZ   A todo el mundo. ¿Cómo va el «crecepelo»?

MUSTAFÁ   «Murkin and Johson's» no deja de crecer.

ESTÍBALIZ   ¿Te gustaría coger «Church Loreal»?

MUSTAFÁ   ¿Quién lleva eso?

ESTÍBALIZ   Sebastián tiene los derechos internacionales.

MUSTAFÁ   (*Mano en la boca.*) ¡Hum...! ¿Quién es Sebastián?

ESTÍBALIZ   Un amigo de Joaquín.

MUSTAFÁ   No lo conozco.

ESTÍBALIZ   Qué raro, es del colegio.

MUSTAFÁ   No conozco a sus amigos. (*Triste.*) Apenas conozco a nadie.

ESTÍBALIZ   (*Se pone en pie.*) ¡Anda, quita!; ¡tú con esas!

            (ESTÍBALIZ *va al mueble bar y saca el whisky y dos vasos largos. Sale un momento de escena y vuelve con un cubo de plata e hielo. Sirve los hielos.*)

MUSTAFÁ   Sabes que no me conviene.

ESTÍBALIZ   Pero «te sienta». «Estás reciclado».

            (*Le sirve, se sirve y le echa el brazo, por encima del hombro inclinando la cabeza cariñosamente sobre él.* MUSTAFÁ *pone cara de agrado mientras comienza a sorber el whisky. Suena la puerta, el «click» del interruptor, la luz ilumina el estudio de* JOAQUÍN *que entra con aire de despiste. Su cabello es fino y castaño, sus ojos azules o castaños, lleva unas gafitas modernas. Viste chaqueta de pana beige claro, pantalón rojizo y zapatos de ante que parecen buenos y cómodos. No mira hacia el «nivel salón», cuelga la bufanda en una percha y extiende varios folios sobre la mesa de trabajo, saca «dos pilot» de un cajón y se dispone a encender el ordenador.)*

MUSTAFÁ   (*Mira hacia arriba; atónito.*) No nos ha visto...

ESTÍBALIZ   (*Con el brazo sobre el hombro de él; sonríe.*) No. No mira. Nunca mira a nadie.

MUSTAFÁ   ¿Entonces... qué es lo que mira?

ESTÍBALIZ   Su mundo. Ya lo sabes.

MUSTAFÁ   Pero...

ESTÍBALIZ   (*Se adelanta.*) Sí, se puede vivir así... es la paz.

MUSTAFÁ   (*Con acento.*) «Demasié», ¿no?

ESTÍBALIZ   Como la de los muertos, quizá. (*Le guiña un ojo.*) Verás, (*Grita hacia el otro lado del escenario.*) ¡¡Eh!! (JOAQUÍN *no se inmuta.*) ¡¡Eh!!

             (JOAQUÍN *mueve la cabeza lentamente y como si cayera de otro mundo, completamente desorientado, mira; balancea la cabeza de nuevo, vuelve a oir la voz y mira otra vez.*)

JOAQUÍN   (*Se levanta desorientado.*) ¿Eh? ¡Oh!, sois vosotros, no os había visto.

ESTÍBALIZ   (*Gesto.*) Ya.

MUSTAFÁ   (*Con acento.*) Parece mentira, como te absorbe eso.

JOAQUÍN   (*Serio, se quita las gafas y entornuda levemente los ojos.*) Sí. Es «Malín».

MUSTAFÁ   ¿Qué Malín?

JOAQUÍN   ¡Oh, su mundo, un mundo fascinante!

MUSTAFÁ   (*Asombrado.*) Te envuelve...

JOAQUÍN   (*Gesto.*) Sí. Ahora es más real que «vuestro mundo», no sé, tiene otro color, otro sabor, es maravilloso estar allí. Allí todo es posible... no hay reglas... ni horarios.

MUSTAFÁ   (*Interesado.*) ¿Cómo es «Malín»?

JOAQUÍN   (*Con seguridad total.*) ¡Oh, es hermosísima, de belleza inefable, es rubia como el oro... Ahora está con él, pero ella es de Estocolmo.

           (*Sonríe satisfecho.*)

MUSTAFÁ   (*A ESTÍBALIZ, con gesto chusco.*) ¡Qué bien que se lo pasa!

(Estíbaliz *mira a los dos con gesto chusco, como pensando.*)

Estíbaliz   (*Rompe el silencio.*) Desde luego es gratis.

Mustafá   (*Mirando a* Estíbaliz.) ¿Y para ti?

Estíbaliz   (*De pronto, seria.*) No te podría contestar (*Reacciona, mirando al marido.*) ¿Quieres un poco de whisky, «genio»?

Joaquín   ¡Oh, claro, lo que tú digas!

Mustafá   (*Gesto chusco.*) A lo mejor te sale peor.

Estíbaliz   (*Maliciosa.*) O mejor.

Joaquín   Quien sabe.

(*Se sientan en las butacas.* Estíbaliz *pasea.*)

Estíbaliz   Parece que no pasa el tiempo, es mi problema, si el tiempo pasara como pasa la música todo sería distinto... Nos deslizaríamos.

Mustafá   El tiempo es algo dinámico, la paz no es la felicidad.

Estíbaliz   La felicidad, no sé; habría que atravesar un cristal...

Joaquín   (*Inocente.*) Yo no tengo que atravesar ningún cristal, yo soy feliz.

MUSTAFÁ   En la vida no se puede ser enteramente feliz. Para eso está el paraíso.

ESTÍBALIZ   (*Gesto.*) Vuestro paraíso.

MUSTAFÁ   También el cristiano. Puede que todos los paraísos.

ESTÍBALIZ   ¡Bah!

JOAQUÍN   Yo conozco el paraíso.

MUSTAFÁ   ¿Y cuál es?

JOAQUÍN   (*Soñador.*) El paraíso es donde está Malín. Donde está ella.

MUSTAFÁ   ¿Me lo puedes demostrar?

JOAQUÍN   (*Bebe.*) Aquí no. Pero es tan real como eso.

(*Señala los cuadros. ESTÍBALIZ no deja de pasear.*)

ESTÍBALIZ   A ver si con esto...

(*Pulsa un interruptor y comienza a sonar de nuevo la música. Es la canción «Begin the begin» interpretada por una gran orquesta; Ray Conniff, por ejemplo. ESTÍBALIZ comienza a bailar de nuevo sola, pero en seguida saca a su marido que se mueve correctamente pero con poca soltura.*)

JOAQUÍN   (*Murmura.*) Sabes que no lo hago bien.

15

ESTÍBALIZ   (*Ríe simpática.*) ¡Qué va!

(*Sigue bailando, ella está encantadora y comienza a moverse con más soltura.* MUSTAFÁ *desde su butaca, los mira sonriendo con indisimulado placer y una pizca de envidia... Según va creciendo y avanzando la música, ella deja a su marido junto a la butaca que ocupaba y en la que se sentará, y con ojos soñadores mirando hacia lo alto, saca a* MUSTAFÁ *que, con cara de enorme placer se pone a su lado. Comienzan a bailar los dos con mucha mayor soltura y poco a poco, casi con pasos de «bailes de salón». Al final casi profesionales. El público tiene que disfrutar con ello. De pronto se oscurece la escena como si todo fuera un sueño. La luz potente y artificial de lo que se supone la noche, vuelve a iluminar el escenario, sobre todo la «zona del salón», donde en sendas butacas en diagonal a una mesa cuadrada, se hallarán sentados* MUSTAFÁ *y* SEBASTIÁN, *el sacerdote amigo de* JOAQUÍN. SEBASTIÁN *es delgado, vestido de gris con el alzacuellos blanco —única prenda que lo distingue—, bien parecido y con ademanes suaves. Sobre la mesa hay frascos como de colonia y perfume, tarritos circulares y ovalados como de ungüentos, dos pequeñas, curiosas y misteriosas máquinas, sobre ellas pasa las manos una y otra vez el cura casi como si se tratara de un altar, se sonríe de vez en cuando y muestra la dentadura blanquísima, perfecta y completa.*)

SEBASTIÁN (*A* MUSTAFÁ.) En los centros capilares que pen-
samos controlar contaremos con productos der-
matológicos propios, técnicas con más de
veinte años de experiencia que ayudarán a re-
cuperar la pérdida del cabello, así como a so-
lucionar problemas como la caspa, seborrea y
otras anomalías capilares... Nuestros tratamien-
tos se realizan bajo supervisión médica, llevan-
do a cabo un exámen, diagnóstico y tratamiento personalizado.

MUSTAFÁ ¿Y entonces?

SEBASTIÁN (*Sonríe.*) Muy sencillo: mediante exploración
visual, historia del paciente, la prueba de trac-
ción del cabello, el análisis cuantitativo del cabello desprendido y el exámen microscópico
de los tallos y los bulbos... (*Vuelve a sonreír
mostrando los dientes.*) de cabello; claro.

MUSTAFÁ ¿Y para el exámen y tratamiento?

SEBASTIÁN (*Mueve las manos y señala.*) La «microcámara
profesional», la más avanzada y precisa del mercado, el «LDS 100 Luce». La última generación
de láser de baja frecuencia. El «Capilar 5.000».
La «Colorterapia», relajante y antiestress; y la
«Ozonoterapia Capilar».

MUSTAFÁ Bueno..., ¿y todo esto?

SEBASTIÁN Esa es la respuesta a mi envite.

MUSTAFÁ   Sí, creo que podré hacerme cargo de ello en quince o veinte días, cuando investigue el mercado y calcule «los tiempos».

SEBASTIÁN   Nosotros nos beneficiaríamos de usted y usted de «Church Loreal». El arzobispado quedará encantado. (*Levanta los brazos, sonriente.*) ¡La noticia llegaría hasta Roma!

MUSTAFÁ   (*Dudoso.*) ¿Usted cree?

SEBASTIÁN   Mire. La Santa Sede ha invertido muchísimo en este país, mucho, millones de euros, parte de esa inversión ha ido a «Church Loreal», me han nombrado hace unos meses *consiliario*, algo así como Director Gerente; hay que rentabilizar esos dineros, no hacerlo sería pecado, obra de Satanás.

MUSTAFÁ   Claro... Claro.

SEBASTIÁN   Usted, Mustafá, puede ser nuestro hombre. Por cierto, ¿sabe usted lo que es la Santa Sede?

MUSTAFÁ   Algo así como «La Meca».

SEBASTIÁN   No exactamente.

MUSTAFÁ   En «La Meca» está la tumba del profeta Mahoma.

SEBASTIÁN   En Roma la de Pedro.

MUSTAFÁ   A la Meca se va a orar.

SEBASTIÁN   (*Tuerce el gesto.*) A Roma no tanto, se va a orar pero también a otras cosas. (MUSTAFÁ *parece no entender.*) Bueno, eso es lo de menos. ¿Y cómo van los negocios de su «crecepelo»?

MUSTAFÁ   (*Con mucho acento.*) A los hombres les preocupa mucho la caída del cabello, los suele acomplejar, los deprime, les suele afectar en su relación con las mujeres...

SEBASTIÁN   Sí, ya sé lo importantes que son las mujeres para ustedes.

MUSTAFÁ   (*Ingenuo.*) ¿Para ustedes no?

SEBASTIÁN   Para nosotros, (*Duda.*) no tanto... Bueno, las iglesias estarían vacías sin ellas.

MUSTAFÁ   (*Vuelve al tema.*) «La píldora crecepelo» inhibe la actividad de la «alfa reductasa», una enzima implicada en la pérdida del vigor del folículo piloso. Al evitar que se ponga en marcha se mantiene en buen estado, impidiendo la pérdida del pelo. Tiene la ventaja de que se toma por vía oral.

SEBASTIÁN   ¡Oh, eso sí que es cómodo!

MUSTAFÁ   (*Se muestra atractivo.*) No se necesitan lociones o crecepelos, actúa sobre la alopecia androgénica, es decir la que afecta a los varones.

SEBASTIÁN   (*Con la mano en la boca; pensativo.*) ¡Hum... hum!

MUSTAFÁ   (*Levanta los brazos.*) ¡Ah, un inconveniente! Una vez que se dejan de tomar las pastillas, el cabello vuelve a caerse.

SEBASTIÁN   (*Gesticula.*) ¡Qué catástrofe!

MUSTAFÁ   (*Conciliador.*) Peor es la muerte...

    (*Breve silencio. Suena la puerta de la calle situada imaginariamente en el lado opuesto del escenario, a la derecha según miran los espectadores. Entra* ESTÍBALIZ *tan encantadora como siempre, con su pelo castaño y vestida de distinta manera, quizá de ir a la calle, de compras.*)

ESTÍBALIZ   ¡Hola. Cómo estáis! ¿les has abierto tú?

MUSTAFÁ   Tengo la llave.

ESTÍBALIZ   ¿Así que os habéis conocido...?

SEBASTIÁN   (*Sonríe.*) Directamente.

ESTÍBALIZ   (*De pie. Deja alguna cosa.*) ¿Y qué?

MUSTAFÁ   Quizá lleguemos a algún acuerdo.

ESTÍBALIZ   (*A* SEBASTIÁN *y señalando a* MUSTAFÁ.) Es muy competente, en su trabajo es de los mejores.

MUSTAFÁ   (*Ríe.*) Me ve con buenos ojos.

ESTÍBALIZ   Viaja mucho, siempre está en el extranjero.

MUSTAFÁ   (*A* SEBASTIÁN.) No crea que es tan bonito, hay
             mucho tiempo muerto. Cuando a las seis ter-
             mina el negocio y no tienes nada que hacer...
             puede ser terrible.

SEBASTIÁN   Claro.

MUSTAFÁ   En Estambúl todo es distinto, aquello está lle-
             no de amigos, además está el ajetreo de la ciu-
             dad que te envuelve y arropa... (*Con acento.*)
             que te acompaña... En París o en Londres pue-
             de ser terrible, te metes en el hotel sin saber qué
             hacer, sin mujeres, sin amigos, es un vacío que
             te puede tragar. Si vas a un pub puedes desper-
             tar sospechas..., termino haciéndome bocadillos
             de mortadela.

ESTÍBALIZ   (*Ríe.*) ¿Dónde?

MUSTAFÁ   En la habitación de los hoteles.

SEBASTIÁN   Sí que debe de ser duro... No lo había pensa-
             do.

MUSTAFÁ   (*Pensando; triste.*) Es una locura dejar a un
             hombre solo.

ESTÍBALIZ   (*Lo mira con lástima e interés.*) A determina-
             dos hombres.

SEBASTIÁN   Nosotros estamos acostumbrados. Hay soleda-
          des y soledades.

ESTÍBALIZ   (*Pesarosa.*) A Joaquín tampoco le preocupa esa
          soledad, siempre está en su mundo, ocupado...

SEBASTIÁN   ¿Acompañado?

ESTÍBALIZ   No lo sé. No entiendo de eso. (MUSTAFÁ *la
          mira.*) No. No me mires así, todos tenemos pro-
          blemas.

SEBASTIÁN   No os veo muy felices; algunos dicen que la so-
          ledad del sacerdote es terrible, depende de
          cómo te organices. Eso es todo.

ESTÍBALIZ   Puede depender también de la música... La vida
          es como la música, hay músicas tristes y otras
          que son alegres... la música puede inspirarte,
          aligerarte, trasladarte a través del tiempo .

SEBASTIÁN   (*Hace ademán de levantarse.*) Bueno. Yo me
          voy.

ESTÍBALIZ   (*Estira el brazo.*) No, espera. (*Da tres pasos y
          aprieta un botón, el escenario se oscurece. Co-
          mienza a sonar la melodía del bolero «Reloj no
          marques las horas», primero con instrumentos
          sencillos para ir progresivamente creciendo has-
          ta finalizar interpretada por una gran orquesta
          de muchos violines. Los dos hombres están quie-
          tos, sentados, ella comienza a dar pasos como en*

el musical «West Side Story» que tan magistral-
mente interpretara Natalie Wood. Los hombres
permanecerán aún sentados, inmóviles, ella comienza a extender los brazos y a girarlos lentamente como si quisiera abrazar con ellos el
espacio y el tiempo. Comienza a danzar al son
de la música pero ellos permanecerán aún inmóviles contemplándola como estatuas expectantes.
De pronto les hace un gesto suave y poco percep-
tible y los dos hombres se levantan, primero hie-
ráticos, comienzan a moverse lentamente, ella les
sonríe en el escenario oscurecido y ellos cobran
más vida y comienzan a danzar a su lado o más
bien a dos metros de ella. Llama la atención que
primero se distinguirá claramente la «expresión
corporal» del sacerdote y la del comerciante en
cosméticos, pero según aumenta y crece la melodía ambos irán cobrando la misma elasticidad
y al final, momentos antes de finalizar esta, los
tres, SEBASTIÁN, MUSTAFÁ y ESTÍBALIZ —ella en
el centro— danzarán perfectamente como autén-
ticos bailarines. Cuando la música termina,
mientras los tres vuelven a mirarse, quietos, pro-
gresivamente, en cosa de segundos, se hace el
oscuro total.

Luz del día. Escenario vacío. Se oye la puerta de la calle. Entra Joaquín *con una trenka de gabardina, pantalones de pana y los sempiternos zapatos de ante beige claro, lleva una fina carpeta bajo el brazo y dos libros que dejará sobre la mesa, se quita las gafitas y comienza a limpiarlas meticulosamente con un pañuelo blanco. Entra* Estíbaliz *con aire decidido y el móvil en la mano.)*

Estíbaliz   ¿No has ido a por el niño?

Joaquín   ¿Qué niño?

(Ella lo mira furiosa sin decir nada y lo apunta con el móvil como si fuera una pistola.)

Estíbaliz   Tendré que ir yo, no piensas en nada, no piensas en tu familia.

Joaquín   *(Contesta, pero con algo referente a sus argumentos.)* Se ha ido, se ha marchado... quizá esté en Estocolmo, él ya no es feliz... solo piensa en ella...

Estíbaliz   *(Entre aburrida y desesperada.)* Pobre.

(JOAQUÍN *comienza a avanzar por el escenario arrastrando levemente los pies, su cabello castaño y muy fino se bambolea o cimbrea al ritmo de sus pasos. Tiene un cierto encanto. Está pensativo.*)

JOAQUÍN   El ya no puede vivir con ella... se ha enamorado de Malín...

ESTÍBALIZ   (*De pronto.*) ¿Y Lucía?

JOAQUÍN   (*La mira como cayendo de una nube.*) ¿Ah... pero cómo lo sabes?

ESTÍBALIZ   De vez en cuando...

JOAQUÍN   ¿Me lees...?

ESTÍBALIZ   Puede ser..., aún me intereso más que tú por mí... ¿Qué vas a hacer con Lucía, si ella «marcha»?

JOAQUÍN   (*Repentinamente molesto.*) «Se marcha»... No pasa nada. Es el amor.

ESTÍBALIZ   ¿El amor? Perdería al niño, la casa y la mitad de sus ingresos.

JOAQUÍN   ¿Pero es que alguien, algo tiene algún valor ante el amor?

(ESTÍBALIZ *lo mira entre recelosa y aburrida.*)

ESTÍBALIZ   Tú no sabes los que es el amor. Tú nunca has amado a nadie, (JOAQUÍN *la mira extrañado.*) a nadie real, a nadie de carne y hueso.

(JOAQUÍN *la mira sin decir nada.*)

JOAQUÍN   Es rubia como el oro, esbelta, su piel es blanca y luminosa como las nieves polares. (*Decidido.*) Él se irá, sí, irá al «Gran Slam», a la «Venecia del Norte» en su búsqueda.... Irá en la «bala de plata».

ESTÍBALIZ   ¿Y qué ocurrirá después?

JOAQUÍN   (*Se detiene.*) Aún no lo sé; ¿cómo quieres que lo sepa?

ESTÍBALIZ   ¿No eres el creador? ¿No es ella tu criatura de ficción?

JOAQUÍN   (*Muy serio; protesta.*) No es de ficción. Ella vive, tiene vida propia, yo no la puedo controlar... (ESTÍBALIZ *lo mira seria y pensativa.*) Si yo pudiera controlarla ella no existiría.

ESTÍBALIZ   Bien. Tendré que hacer la compra. Recogeré también al niño. (*Se pone de pie decidida y se echará alguna prenda.*) Bueno...

(*Sale.* JOAQUÍN *se queda solo. Se sienta en una de las butacas; el escenario se oscurece. Suena la melodía de la canción titulada «Me muero»,*

del grupo «Quinta estación» que interpreta
«Natalia», pero se escuchará solamente la me-
lodía suavemente. Se ilumina el despacho de Joaquín *y aparecerá en él en pie, de una forma casi*
fantasmal, Malín. *Vestirá una especie de chan-*
dal gris claro, chaleco y pantalón, las zapatillas
pueden ser doradas del color de su cabello que
caerá a cada lado de la cara hasta los hombros.
Los brazos extendidos y caídos a cada lado del
cuerpo. Ella mira al escritor en silencio, él no la
vé, no se percata, ella sonríe levísimamente
como La Gioconda. Por fin él mira hacia arriba,
cuando parece que la va a ver, físicamente, ella
desaparece. Se oscurece el «nivel despacho». Sue-
na entonces suavemente la letra de «Me muero»
interpretada por Natalia.)

Me muero por besarte,
dormirme en tu boca,
me muero por decirte
que el mundo se equivoca.

Muero por tus besos,
por tu ingrata sonrisa,
por tus bellas caricias,
eres tú mi alegría.

Pido que no me falles
que nunca te me vayas
y que nunca te olvides
que soy yo quien te espera...
Me muero por besarte,

> dormirme en tu boca,
> me muero por decirte
> que el mundo se equivoca.

(JOAQUÍN *sigue mirando hacia arriba, cesa la música; se hace la luz potente. Se oye la puerta de la calle y entra corriendo* ARTURITO *con un balón en los pies, chuta y romperá algún objeto, después vuelve a chutar y el balón le pasará a* JOAQUÍN *cerca o por encima de la cabeza. Entra* ESTÍBALIZ *con una bolsa.*)

ESTÍBALIZ   Pero bueno. ¿Es que no le vas a decir nada?

JOAQUÍN   (*Impávido.*) ¿Qué quieres que le diga?, ¿lo he dicho mal?

(ESTÍBALIZ *sale con la bolsa y con cara de desesperación.*)

ARTURITO   (*A* JOAQUÍN.) ¿Papá, vamos a ir mañana a ver a «Los Rockers»?

JOAQUÍN   Como quieras, Arturo.

ARTURITO   (*Saltando de alegría.*) ¿De veras?

(*Se observará que* JOAQUÍN *trata a* ARTURITO *como si fuera un adulto.*)

JOAQUÍN   Podemos ir con linternas.

ARTURITO   (*Asombrado.*) ¿Linternas?

JOAQUÍN   Por si se apagan las luces del graderío.

ARTURITO   ¡Ah, claro!

JOAQUÍN   Y terrones de azúcar.

ARTURITO   Terrones, ¿para qué?

JOAQUÍN   Para los perros.

ARTURITO   ¿Qué perros?

JOAQUÍN   Los de la policía.

ARTURITO   ¡Ah. Claro!

           (*Por momentos el diálogo produce una sensación de extrañeza.*)

JOAQUÍN   Así podemos amansarlos.

ARTURITO   ¿Por qué?

JOAQUÍN   Por si perdieran «Los Rockers» y se enfurecieran.

ARTURITO   Tú piensas en todo, papá.

JOAQUÍN   (*Se mira los pies.*) Claro.

ARTURITO   (*Pensativo.*) Así son los papás.

JOAQUÍN   Claro. Claro.

(*Breve pausa.*)

ARTURITO   ¿Y después del partido iremos al «Burguer»?

JOAQUÍN   ¿Al «Burguer»?

ARTURITO   Sí papá, al Burguer.

JOAQUÍN   ¿Qué Burguer?

ARTURITO   Pues el Burguer.

JOAQUÍN   ¿Qué es el Burguer?

ARTURITO   (*Desternillándose de risa.*) El Burguer es el Burguer.

JOAQUÍN   ¿Qué Burguer?

(ARTURITO *empieza a inquietarse.*)

ARTURITO   El Burguer; el de siempre.

JOAQUÍN   ¡Ah, bueno!, creía que te referías a otro.

ARTURITO   (*Armándose de paciencia; con los brazos caídos.*) Por favor, papá, sabes que eres muy tonto.

JOAQUÍN   ¿Ah, si?, creía que era listo.

ARTURITO   Pero no para estas cosas.

JOAQUÍN   (*Pensativo; con la mano en la boca.*) Claro.

ARTURITO   Además mamá dice que no lo eres.

JOAQUÍN   (*Encantador.*) Que no lo soy. ¿Ah, sí?.. ¿y qué dice que soy?

ARTURITO   (*Con voz ronca.*) Un muerno.

JOAQUÍN   (*Como autoanalizándose.*) Vaya por Dios. Ya no hago reir ni en casa.

ARTURITO   A mí sí me haces reir (*Se aproxima a él y lo coge de una pierna.*) Papá, yo te quiero.

JOAQUÍN   Ya lo sé, hijo.

ARTURITO   Te quiero ver en casa.

JOAQUÍN   Sí, Arturo.

ARTURITO   Que no te vayas... Y mamá tampoco.

JOAQUÍN   (*Se percata de la angustia del niño.*) ¿Por qué nos íbamos a ir?

ARTURITO   (*Pensativo.*) No sé.

            (*Se oscurece el escenario y sobre una luz láctea que se proyectará sobre el niño y el escritor comienza a oirse la melodía de la canción «Tu peor error» interpretada por el grupo «Quinta Estación».*)

*Inmediatamente también la letra, pero que esta
no invada y borre la expresión del padre y el hijo.)*

«Hace tiempo que comento con la almohada
Que tal vez soy para tí solo una carga.
Hace tiempo que ya no me creo nada
Y he notado tu sonrisa algo cansada.

Con los días se amontonan los momentos
Que perdimos por tratar de ser sinceros,
Y aunque no me creas, creo que aún te creo.
Y aunque no me quieras, creo que aún te quiero.»

*(Continúa la música suave mientras el niño va
a coger el balón y ambos, el pequeño abrazado
a su balón, salen lentamente del escenario. Termina la música. Se hace el «oscuro total». Luz
en el nivél del salón* SEBASTIÁN, *sentado frente a
una mesita, va depositando sobre la misma billetes de cien euros.* MUSTAFÁ *vestido informal pero
elegantemente, un poco «hippi - chick», con to-
ques árabes, observa.)*

SEBASTIÁN   Cien, doscientos, trecientos, cuatrocientos, qui-
nientos, seiscientos, setecientos, ochocientos,
novecientos, mil, mil cien, mil doscientos, mil
trescientos, ¡cuenta, cuenta !...

(Voz más baja.)

MUSTAFÁ   *(Empieza a recoger billetes. Sonriente.)* Las ven-
tas en Estambul fueron excelentes... La aco-
gida en los Emiratos Arabes..., *(Levanta los*

brazos y acciona de forma muy oriental y ára-be.) increíbles.

SEBASTIÁN   Eso era de esperar. Que en Oriente y en Arabia los «productos crecepelos» harían furor, lo sabíamos en el arzobispado.

MUSTAFÁ   (*Con acento.*) Son perspicaces ustedes.

SEBASTIÁN   (*Voz melosa; interrumpiendo brevemente la cuenta de billetes.*) ¿Y en Inglaterra?, ¿y en Francia?

MUSTAFÁ   En el «Soho» vendimos muchísimo y en las tiendas «Harrows» y «Marks and Spencer», sin embargo en París, en Lyón y en Marsella, no hicieron grandes pedidos.

SEBASTIÁN   (*Muestra su magnífica dentadura. Acciona.*) ¡Ah, Francia, Francia, reina de los perfumes, por qué no te gusta «Church Loreal»?

MUSTAFÁ   Quizá precisamente por eso. (SEBASTIÁN *lo mira de forma extraña.*) Quiero decir que estarían saturados.

SEBASTIÁN   ¡Ah!

MUSTAFÁ   (*Con acento.*) No he cejado en mi agresividad ni un solo momento.

SEBASTIÁN   Lo sé. Me consta.

MUSTAFÁ En Italia les encanta. Llevan ya grandes melenas.

SEBASTIÁN (*Extrañado.*) ¿Ah, sí?

MUSTAFÁ Lo que oye.

SEBASTIÁN (*Extrañado.*) Pues no me habían dicho nada en el Vaticano.

MUSTAFÁ (*Gesticula.*) Bueno, es algo de última hora.

SEBASTIÁN (*Extraña voz de pito.*) ¿Y en Budapest, en Budapest?

MUSTAFÁ Budapest... ¿dónde está Budapest?

(*Desorientado.*)

SEBASTIÁN Hombre, en Europa.

MUSTAFÁ ¡Ah, en Budapest, (*Duda.*) bueno, en Budapest, no anduvo mal la cosa. Mire, mire.

(*Saca facturas desordenadas de los bolsillos del chaleco y del pantalón y las va extendiendo ante el sacerdote. En realidad toda la escena tendrá un aire levemente cómico de viejos prestamistas o avarientos judíos dinerarios.*)

SEBASTIÁN (*Mirando las facturas.*) Roma, es Roma...

MUSTAFÁ Y Estambul, Estambúl.

SEBASTIÁN   ¡Ah!, ¿pero no eras de Beirut?

MUSTAFÁ   No, por favor, de Estambúl, del «Cuerno de Oro».

SEBASTIÁN   Qué viejas historias.

MUSTAFÁ   Sí.

SEBASTIÁN   (*Aprieta los dientes.*) Nos la quitasteis.

MUSTAFÁ   ¿El qué?

SEBASTIÁN   Santa Sofía.

MUSTAFÁ   ¡Oh, eso son cosas antiguas!

SEBASTIÁN   No son tan antiguas.

MUSTAFÁ   ¡Oh, por favor, Sebastián, estamos hablando de negocios, la «Mezquita Azul», es la «Mezquita Azul» y siempre seguirá siendo la «Mezquita Azul», además de su enorme valor para nosotros, van también ustedes a verla, los turistas.

SEBASTIÁN   (*Pensativo.*) Sí, claro, los turistas.... Antes no éramos turistas.

MUSTAFÁ   Hace siglos (*Fastidiado.*) Además tienen San Pedro, ¿qué más quieren?

SEBASTIÁN   Tienes razón, Mustafá, hay que sobrevivir...
             convivir, llevarnos bien.

MUSTAFÁ   (*Con acento.*) Así mejor.

SEBASTIÁN   Volvamos. (*Siguen apilando billetes y facturas
             en silencio. De pronto.*) ¿Y en Nueva York, y en
             Boston?

MUSTAFÁ   (*Acento.*) Los Estados Unidos son un país di-
             fícil, rehacio a muchas cosas, muy poco per-
             meable.

SEBASTIÁN   ¿Y en Abisinia?

MUSTAFÁ   (*Levanta los brazos agotado y mira al cielo.*) ¡Oh,
             por Alá, clemente y misericordioso, dame pa-
             ciencia con este hombre!

             (SEBASTIÁN *lo mira sorprendido. Comienza a so-
             nar la rítmica canción titulada «Toxic», interpre-
             tada por la cantante Britney Spears.*

             «... Eres tóxico, no sabes los que haces,
             intoxícame, me encanta lo que haces...».

             SEBASTIÁN *y* MUSTAFÁ *empiezan lentamente a
             moverse en sus asientos al son de la música, y
             vuelven a intercambiarse billetes y facturas. Co-
             mienzan a encenderse y apagarse en el escena-
             rio luces brillantes como en una discoteca que*

iluminarán parpadeantes las figuras de MUSTA-
FÁ *y* SEBASTIÁN *que siguen cambiándose billetes y facturas como si fueran cromos.)*

Cae lentamente el telón.

Segunda Parte.

> Mustafá y Estíbaliz *ojean una revista de modas en el salón. Están solos. La luz, sin llegar a ser oscura o rojiza es cálida, invita a la intimidad. Ella mira la revista y de vez en cuando lo mira a él de forma velada y cariñosa, en diagonal, él también mira la revista, están muy cerca el uno del otro, se supone que es una revista de moda y decoración.*

ESTÍBALIZ   Esta falda...

MUSTAFÁ   (*Con acento.*) Me gusta esa mujer con esa falda, tiene colores cálidos, es una «bomba de colores».

ESTÍBALIZ   (*Sonríe.*) ¿Qué es para ti una «bomba de colores»?

MUSTAFÁ   Ciertas mujeres... Puedes mezclar sus colores con tus sentimientos.

ESTÍBALIZ   (*Sonríe picara.*) ¡Ah, sí?

MUSTAFÁ   Es como el curri, la salsa picante que te hace «sudar la cabesa».

ESTÍBALIZ   ¿Tú puedes mezclar esos colores?

MUSTAFÁ   ¡Por supuesto!

ESTÍBALIZ   Un occidental no entiende de eso, no podría.

                (ESTÍBALIZ *vuelve a mirar la revista.* MUSTAFÁ *se acerca un poco más.*)

MUSTAFÁ   (*Acento.*) Los occidentales no saben lo que es el amor...

ESTÍBALIZ   ¿Los infieles?

MUSTAFÁ   ¡Oh, no me refería a eso! Aquí no saben mezclar las cosas, sacar el verdadero placer de la vida, domar caballos blancos, montarlos...

ESTÍBALIZ   Montar mujeres.

MUSTAFÁ   Hay mujeres (*Acento.*) que «se comen».

ESTÍBALIZ   (*Divertida.*) ¿Se comen?

MUSTAFÁ   Sí.

ESTÍBALIZ   ¿Tiene algo que ver con la antropofagia?

MUSTAFÁ   Sí, el amor es una forma de antropofagia, uno se come al otro, los dos se comen entre sí. (ESTÍBALIZ *lo mira con cierta incredulidad.* MUSTAFÁ *se acerca aún más a ella, le coge una mano.*) Estíbaliz, tú eres una «bomba de colores para mí», yo puedo mezclarte con mis sentimientos, (ESTÍBALIZ *lo mira entre interesada e insegura.*) un occidental no puede hacer eso, yo sí.

ESTÍBALIZ ¿Tú crees?

MUSTAFÁ Puedes hacerme feliz, Estíbaliz, soy feliz con solo contemplarte, con estar cerca de tí.

ESTÍBALIZ (*Atraída, halagada, pero ingenua.*) ¿Como a un caballo blanco?

MUSTAFÁ La vida es eso... ¿Sabes lo que es la vida?

ESTÍBALIZ (*Más intelectual.*) ¿Y tú?

MUSTAFÁ Yo sí sé lo que es la vida.

ESTÍBALIZ ¿Y qué es?

MUSTAFÁ Ser feliz.

ESTÍBALIZ ¿Tú eres feliz?

MUSTAFÁ (*Le suelta la mano.*) Aún no del todo, en Occidente no es fácil ser feliz.

ESTÍBALIZ ¿Entonces?...

MUSTAFÁ Se necesita siempre una mujer, pero no una cualquiera, una como tú, Estíbaliz.

ESTÍBALIZ (*Ríe.*) ¿Como yo, o como un caballo blanco?

MUSTAFÁ   (*Dolido.*) No te rías, hermosura, no te rías de mí, por Alá, ríete de lo que quieras pero no de eso, da mala suerte reírse del amor.

ESTÍBALIZ   (*Ríe.*) ¿Pero tú crees que me quieres?

MUSTAFÁ   Sí, lo sé, lo sé desde hace tiempo.

ESTÍBALIZ   A la manera árabe, oriental.

MUSTAFÁ   (*Serio.*) A mi manera. (*Pensativo.*) ¿Tú quieres a Joaquín? (*Más pensativo.*) Un amigo no debería traicionar a otro amigo.

ESTÍBALIZ   ¡Tú crees?

(*Recuérdese que* ESTÍBALIZ *es inquieta. De una rara e indefinible frustración.*)

MUSTAFÁ   No. No debería. Son principios.

ESTÍBALIZ   ¿Del Corán?

MUSTAFÁ   Principios, te digo.

ESTÍBALIZ   (*Sonríe.*) Vosotros tenéis principios... nosotras a veces menos.

MUSTAFÁ   (*Levanta los brazos en alto y suspira.*) ¡Oh, qué cosa, las mujeres!

ESTÍBALIZ   Nosotras somos así. Vosotros nunca nos entendereis del todo.

MUSTAFÁ   Yo sí, criatura. (*Ella lo mira por primera vez con atención y un poco de pasión.* MUSTAFÁ *se acerca.*) Estíbaliz, ven aquí...

(*La coge por la cintura y la va a besar en la boca. En ese instante se oscurece el escenario y se tiñe con una luz rojiza, el color de la pasión. Comienza a sonar la música de la canción «Ojos así», cantada por Shakira.*)

Ayer conocí un cielo sin sol
y un hombre sin suelo
y un santo en prisión
y una canción triste sin dueño.
(ya-he, ya-he, ya-la-he)
y conocí tus ojos negros
(ya-he, ya-he, ya-la-he)
y ahora sé que ya no puedo vivir sin ellos.

Yo le pido al cielo solo un deseo
que en tus ojos yo pueda vivir.
He recorrido ya el mundo entero
y una cosa te vengo a decir
viajé de Bahrein hasta Beirut
fui desde el norte hasta el polo sur
y no encontré ojos así
como los que tienes tú....

(*A la vez que se oscurece la zona del escenario donde están* MUSTAFÁ *y* ESTÍBALIZ, *hasta hacerse el oscuro total, se iluminará el despacho de* JOAQUÍN *que está sentado ante su mesa de trabajo, se le ve teclear en el ordenador sin apenas*

*hacer ruido. De pronto se detiene y lee lo que
se supone está en la pantalla.)*

JOAQUÍN   (*Lee.*) Malín tenía un suave aroma indefinible, levísimo, a cuerpo de mujer mezclado con
jazmines, brisa del Báltico e intensa pureza de
las nieves glaciares, pero su temperatura era
cálida y tierna, una adolescente hecha mujer
radiante en el inicio de su plenitud... Baila-
ron en silencio quizá una eternidad, quizá un
segundo, no podría precisarlo, cuando cesó
la música ella lo retiró con suavidad y lo movió levemente.

(*Se escuchará la voz de* MALÍN, *cálida, suave, y
con un leve acento extranjero.*)

MALÍN   (*Voz en off.*) ¡Eh, ha terminado!

JOAQUÍN   (*Voz en off. Sigue escribiendo.*) Miguel suspiró,
bajó los brazos. Al salir a la calle el intenso colorido intermitente...

JOAQUÍN   (*Escribe.*) Colorido intermitente... (*A la vez y
con voz en off. Casi con eco.*) ...de los anuncios
publicitarios de neón parecía teñirlos como en
un musical.

JOAQUÍN   (*Voz en off.*) Miguel Shwarth no podía imagi-
nar entonces que no volvería a ver a Malín en
mucho tiempo.

(Deja de teclear, suspira, saca un pañuelo del bolsillo y se seca la frente. Suena, casi a la vez, la puerta de la calle, el «clic» del interruptor y entra ESTÍBALIZ con chaqueta roja de vestir y pantalones de cuero. Mira hacia el revistero, hacia la mesa o al mueble bar, donde sea, no mira hacia el «nivel despacho» pero sin embargo el escritor sí la ve y por primera vez lo hace con un cierto interés.)

JOAQUÍN   *(Sin levantarse. Hacia abajo.)* Estíbaliz.

ESTÍBALIZ   *(Mira desorientada.)* ¿Eh?

JOAQUÍN   ¿De dónde vienes?

ESTÍBALIZ   Qué raro que lo preguntes.

JOAQUÍN   Si no quieres, no contestes.

ESTÍBALIZ   Pues sí, del teatro.

JOAQUÍN   Qué extraño... ¿Y el niño?

ESTÍBALIZ   Oye. Tus estás cambiando... El niño está con Rebeca.

JOAQUÍN   Ya.

ESTÍBALIZ   ¿Cómo va la cosa?

JOAQUÍN   «Creación pura».

ESTÍBALIZ   Bien. ¿No corriges?

JOAQUÍN   Aún no. Acaban de dejar la discoteca. El no imagina que no la volverá a ver en mucho tiempo.

ESTÍBALIZ   ¿Cómo lo sabes?

JOAQUÍN   (*Sonríe sarcástico.*) No me hagas preguntas tontas.

ESTÍBALIZ   (*Mueve objetos.*) ¿Qué tal la conoces?

JOAQUÍN   Igual que a ti.

ESTÍBALIZ   No digas sandeces. Si la conoces igual que a tu mujer, estás perdido.

JOAQUÍN   (*Desconcertado.*) ¿Por qué?

ESTÍBALIZ   A mí no me conoces (JOAQUÍN *pondrá cara de perplejidad.*) Si no me hablas casi... ¿A que hablas más con Malín? (*El escritor no dice nada, está callado.* ESTÍBALIZ *pone música informal de la radio; abre el mueble bar y comienza a prepararse un whisky. Con cierta displicencia, a su marido.*) ¿Quieres?

JOAQUÍN   (*Hace un gesto con la mano.*) No, gracias.

ESTÍBALIZ   (*Se sirve.*) Perdona. Lo olvidaba.

JOAQUÍN   Sabes que no bebo ahora... solo café.

ESTÍBALIZ   (*Con cara de asco.*) Qué aburrido eres, Joaquín, qué aburrido es vivir con un escritor, siempre sola.

JOAQUÍN   (*Baja los dos escalones.*) Haberte buscado un hombre de acción, un Hemingway, un Graham Green.

ESTÍBALIZ   Eso es mentira. Simone Coletta lo cuenta en su biografía.

JOAQUÍN   Pues no podría quejarse mucho de Green.

ESTÍBALIZ   Es igual. Estaba mucho tiempo sola, olvidada, y no digamos cuando le daba a él por viajar.

JOAQUÍN   (*Seco.*) Yo no viajo.

ESTÍBALIZ   Peor, tú estás aquí y en realidad nunca estás.

JOAQUÍN   (*Lo reconoce.*) Sí, estoy en mi mundo, los escritores dedicamos mucho tiempo a inventar historias, (*Seco.*) pero al fin y al cabo vivimos de esto, (*Ella no lo mira.*) los más sacrificados somos nosotros, que dejamos de vivir por fabular, (*Voz a lo Woody Allen.*) ¿o crees que no lo es?

ESTÍBALIZ   No sé qué es peor.

JOAQUÍN   (*Pensativo.*) Es un trabajo como otro cualquiera... al final es como picar piedra en Siberia...

(*Ella lo mira pero sin mucho interés.*) puede resultar agotador, (*Ella no le hace caso.*) ¿sabes?

ESTÍBALIZ   (*De espaldas.*) Solo piensas en ti.

JOAQUÍN   Cuando inicio un tema se me mete en la cabeza de tal modo que siempre pienso en lo mismo, todo el día..., todo el día hasta que lo termino..., esto la gente no lo entiende, parece que tú tampoco.

ESTÍBALIZ   (*Murmura.*) Lo padezco.

JOAQUÍN   Tampoco piensas en mí.

ESTÍBALIZ   (*Exaltada.*) ¡Pero qué tengo que pensar, coño!

(JOAQUÍN *se calla. Breve silencio.*)

JOAQUÍN   (*Mira al suelo, a la punta de sus pies.*) Hacemos lo que podemos...

ESTÍBALIZ   (*Bebiendo.*) ¿Entonces... no se puede hacer más...?

JOAQUÍN   (*Pensativo.*) No lo sé. (*Se enciende la luz de su despacho, en él, en pie, estará «MALÍN», suave y fantasmalmente iluminada. Estará vestida con su atuendo de chandal gris y sus sandalias doradas. El escritor se vuelve, la mira y abre mucho los ojos y la boca.* JOAQUÍN *avanza con pasos inseguros, trastabillando. Extiende los brazos.*) ¡Malín, soy yo, «Miguel», ¿dónde estás?!

MALÍN   (*Voz con leve eco.*) En la calle, con una amiga.

JOAQUÍN   ¿Quieres que nos veamos?

ESTÍBALIZ   (*Algo sobrecogida, sujeta el vaso del whisky.*) ¿Con quién hablas?

MALÍN   (*Desde su nivel.*) Ahora no puedo.

JOAQUÍN   (*Casi llegando a las escaleras.*) ¿Por qué?

MALÍN   Estoy con ella, me voy a despedir. Ya sabes que me marcho el próximo domingo.

(JOAQUÍN *sube apresuradamente trastabillando, hasta su mesa de despacho, y se lanza, aún de pie, sobre el teclado del ordenador.*)

JOAQUÍN   ¿Entonces?

MIGUEL   (*Voz en off. Por los altavoces y con eco.*) ¿Entonces?...

MALÍN   Llámame dentro de una hora.

(MALÍN *desaparece en cosa de dos o tres segundos.*)

JOAQUÍN   (*Voz en off. Por los altavoces y mientras teclea.*) Aguardó una hora viendo la televisión. Lucía y el niño estaban fuera. A la hora exacta de su reloj volvió a marcar el número cabalístico.

MIGUEL   (*Voz en off.*) ¡Malín!

MALÍN   (*Voz en off.*) ¿Dónde estás?

MIGUEL   (*Voz en off.*) Estoy en casa. ¿Voy a por ti?

MALÍN   (*Voz en off.*) Verás, me ha llamado el jefe.

MIGUEL   (*Voz en off.*) ¿Pero no te ha visto ya?

MALÍN   (*Voz en off.*) Sí, pero aún no me ha pagado.

MIGUEL   (*Voz en off.*) ¿Entonces?...

MALÍN   (*Voz en off.*) Tengo que hablar.

MIGUEL   (*Voz en off.*) ¿Otra vez?

MALÍN   (*Voz en off.*) Sí. Otra vez.

MIGUEL   (*Voz en off.*) ¿Cuándo te llamo?

MALÍN   (*Voz en off.*) Mañana.

MIGUEL   (*Voz en off.*) ¿A qué hora?

MALÍN   (*Voz en off.*) Por la mañana.

(*Comienza a sonar suavemente la música del filme «Un hombre y una mujer».* JOAQUÍN *teclea con frenesí. Puede sonar suavemente el sonido del tecleado mezclado con el de la banda sonora del filme. Ahora se oirá la voz real de* JOAQUÍN *desde el escenario que lee mientras escribe.*)

JOAQUÍN   «Durmió fatal, se revolvía en la cama. Le atenazaba la idea de que Malín no quisiera volver a verlo. ¿Pero no le había dicho que sí, que quería volver a reunirse.? Quizá necesitase tiempo para despedirse de sus amigas, para resolver todo con su jefe.

(JOAQUÍN *deja de teclear, mira hacia lo alto, la música suena más fuerte, el escenario nuevamente se va oscureciendo hasta hacerse el oscuro total. Luz potente en el «salón-estar» de la casa.* MUSTAFÁ *lanza el balón hacia las manos de* ARTURITO *que vestido de futbolista lo recoge. Se lo irán lanzando el uno al otro a gran velocidad mientras van girando y recorriendo el escenario. Cada vez que lo cogen lo botan o no, y se lo vuelven a lanzar. Gritarán siempre el nombre de algún jugador famoso.*)

MUSTAFÁ   (*Lanza la pelota a* ARTURITO.) ¡Sneijder!

ARTURITO   (*Se la lanza a* MUSTAFÁ.) ¡Diarrá!

MUSTAFÁ   ¡Raúl!

ARTURITO   ¡Van Nistelrooy!

MUSTAFÁ   (*La coge y la lanza.*) ¡Robinho!

ARTURITO   ¡Heinze!

MUSTAFÁ   ¡Ronaldinho!

ARTURITO   ¡Etoo!

MUSTAFÁ   ¡Kaká!

ARTURITO   (*Lanza y ríe.*) ¡Eso no vale!

MUSTAFÁ   (*Con acento; lanzando.*) ¿Por qué?

ARTURITO   ¡Es el mejor!

MUSTAFÁ   ¿Y qué?

ARTURITO   ¡Leo Messi!

MUSTAFÁ   ¡Henry!

ARTURITO   ¡Agüero!

MUSTAFÁ   ¡Forlán!

ARTURITO   (*Lanza el balón.*) ¡Kanouté!

MUSTAFÁ   (*Lanza, con acento.*) ¡Milito!

                  (*Suena la puerta de la calle, entra* SEBASTIÁN *con unos libros. Los «dos jugadores» se detienen y se secan el sudor con la manga del traje o con el brazo.*)

SEBASTIÁN   ¿Interrumpo?

MUSTAFÁ   (*Silba con los dedos.*) ¡Descanso!

ARTURITO   (*Fastidiado.*) ¡Vaya!

SEBASTIÁN   (*Se gira.*) Si molesto... me marcho.

MUSTAFÁ   (*Sujetando el balón; sonriente y con acento.*) Hemos dicho: «descanso». (*Le tira el balón a* ARTURITO, *que lo bloca. A* SEBASTIÁN.) Puede sentarse.

SEBASTIÁN   Pasaba por aquí...

MUSTAFÁ   ¿Cómo ha abierto?

SEBASTIÁN   Con la llave.

ARTURITO   Todos los amigos de papá tienen la llave.

MUSTAFÁ   Yo... no... la tenía...

ARTURITO   (*Sonrisa malévola.*) No serás muy amigo.

SEBASTIÁN   (*Sonríe con los dientes tan blancos. Conciliador.*) Por mí, podéis seguir jugando.

ARTURITO   Yo no. Solo juego con Mustafá.

SEBASTIÁN   (*Repelente y sonriente.*) Ya.

ARTURITO   (*Algo repipi.*) Es el más elástico, el mejor de todos.

SEBASTIÁN   ¿Mejor que tus amigos?

ARTURITO   Sí, mejor que ellos, además tiene «toque oriental».

SEBASTIÁN   ¿Ah, sí?

ARTURITO   Verás.

(*Se pone en pie y le lanza la pelota a* MUSTAFÁ *que está sentado.* MUSTAFÁ *hace un gesto cómico pues el balón puede darle en el estómago. Bloca.*)

MUSTAFÁ   (*Se pone en pie, bota el balón repetidas veces como un profesional, da tres pasos y se lo lanza a* AR-TURITO.) ¡Va!

ARTURITO   (*Corre.*) ¡Puskas!

(*La lanza.*)

MUSTAFÁ   ¡Pelé!

(*La lanza a* ARTURITO. *Ambos,* MUSTAFÁ *y* AR-TURITO *correrán a más velocidad. Si pierden algún balón, cómicamente, desde bastidores, saldrá rodando otro suavemente hasta los pies del* «*juagador*». *El público debería reir este detalle.*)

ARTURITO   ¡Di Stéfano!

(*Lanza.*)

MUSTAFÁ   ¡Suárez!

(*Lanza.*)

ARTURITO   ¡Kubala!

(*Lanza.*)

SEBASTIÁN   (*Murmura.*) Son... de otra época...

(*Abre la boca.*)

ARTURITO   (*Grita.*) ¡Los sabemos todos! (*De forma sorprendente lanzará el balón al cura. SEBASTIÁN, sin sa-
ber qué hacer lo mira perplejo. ARTURITO grita
a SEBASTIÁN.*) ¡Venga, venga!

(*De pronto SEBASTIÁN se pone en pie y comienza a hacer juegos malabares con el balón. Lo bota
entre las piernas, salta como a la comba, corre-
tea el escenario, dribla a imaginarios jugado-
res rivales y al fin salta y, en el aire, lanza el
balón y encesta en algún lugar del escenario.
También podría romper algo tapándose la boca
para contener la risa. Todos ríen, MUSTAFÁ, AR-
TURITO y SEBASTIÁN. Se les ve muy felices. Se
sientan.*)

MUSTAFÁ   (*A SEBASTIÁN.*) No sabía que jugara tan bien.

SEBASTIÁN   Aprendí en Roma, en el seminario, organizá-
bamos partidos entre seminarios de toda Italia, torneos.

ARTURITO   (*Jubiloso.*) ¡Serías el mejor!

SEBASTIÁN   (Se frota las manos, agacha la cabeza y sonríe en gesto muy jesuítico.) Pues sí, pues sí...

ARTURITO   Debiste de dedicarte a esto.

SEBASTIÁN   (Egocéntrico y algo creído.) ¡Oh, podría haber ganado fama y dinero!

ARTURITO   ¡Claro, un «crack»!

SEBASTIÁN   (Pensativo.) Todos los amigos de mi edad tienen mucho dinero...

MUSTAFÁ   Y usted lo tiene.

SEBASTIÁN   Pero ya veis, no es mío.

(ARTURITO mira a MUSTAFÁ con extrañeza.)

MUSTAFÁ   (A ARTURITO.) Es del Vaticano, es de la Iglesia.

ARTURITO   Hazlo tuyo o juega al baloncesto... al fútbol.

SEBASTIÁN   (Encantador, a ARTURITO.) No puedo, sabes, solo lo administro, yo me debo a Dios, soy de Dios.

ARTURITO   (Sin entender del todo.) Pero...

SEBASTIÁN   Además soy demasiado mayor para la liga profesional...

MUSTAFÁ   ¿Y el crecepelo?

(SEBASTIÁN *se ha desilusionado. Se le ve triste.*)

SEBASTIÁN   Además eso.

(MUSTAFÁ *mira a* ARTURITO *intentando hacerle entender.*)

MUSTAFÁ   (*A* ARTURITO.) Nos dedicamos a eso, al «crece-pelo», productos cosméticos, «Church Loreal».

(ARTURITO *parece no entender bien.*)

SEBASTIÁN   (*Suspira.*) En fin, la vida siempre es así, vas para un lado y terminas en otro.

MUSTAFÁ   Como San Pablo.

ARTURITO   A mí me gustaría hacer algo divertido.

MUSTAFÁ   ¿Por ejemplo?

ARTURITO   Jugar, seguir jugando.

SEBASTIÁN   (*Triste, mira al suelo.*) Claro; es así.

(MUSTAFÁ *lo mira extrañado.*)

MUSTAFÁ   ¿Usted cree?

SEBASTIÁN   Los curas somos un poco así, soñadores.

MUSTAFÁ   Yo me creía que los soñadores éramos nosotros.

SEBASTIÁN   Nosotros soñamos también con un mundo sin responsabilidades, un lugar donde siempre se jugase...

ARTURITO   (*Inocente y profundo.*) Nosotros podemos hacerlo.

(*Los dos hombres lo miran con perplejidad y cierta añoranza. Se oye el ruido de la puerta, entra* JOAQUÍN *con su chaqueta de pana beige, su eterna bufanda y sus elegantes zapatos de ante. Va con sus gafitas y su cara de eterno despiste.*)

JOAQUÍN   (*Entra.*) ¡Guau!

ARTURITO   (*Lo imita.*) ¡Guau!... ¡Guau!...

MUSTAFÁ   (*Con acento árabe-inglés. Reacciona con reflejos.*) ¡Guau!, ¡guau!, ¡guau!

(*El cura no puede por menos que reir mostrando toda su dentadura blanca y perfecta, ahora casi caballuna.*)

SEBASTIÁN   ¿Cómo lo lleva?

JOAQUÍN   ¡Oh, mucho trabajo! Él acaba de hablar con ella.... Por teléfono.

MUSTAFÁ   (*Con acento.*) ¿Qué final prevés?

JOAQUÍN   (*Con cara de despiste y cierto parecido a Woody Allen.*) Ni idea... No tengo ni idea... Ni la más remota.

SEBASTIÁN   (*Extrañado.*) ¿Y así se pueden hacer las cosas?

MUSTAFÁ   Pues ya ves...

SEBASTIÁN   Nosotros las hacemos casi matemáticamente, con un final previsto de antemano, un final feliz, no como ciertas obras... profanas. La moral es así, como las matemáticas, el dogma también es así, una historia compacta, sin fisuras.

MUSTAFÁ   (*Molesto.*) La literatura no puede ser así, la literatura es arte.

JOAQUÍN   (*Se mira la punta de los zapatos.*) Yo no sé lo que es, en realidad no sé lo que hago... no podría explicaros. Es algo difícil, duro... que requiere soledad. Te enemistas con mucha gente. Te admiran o te envidian... a veces te odian.

            (ARTURITO *pega un brinco y se pone junto a su padre.*)

ARTURITO   (*Se coge a su pierna*) Papá, yo te quiero

            (MUSTAFÁ y SEBASTIÁN *los miran con lástima. Breve silencio.*)

SEBASTIÁN   (*Reacciona.*) Bueno, creo que hemos jugado bastante.

MUSTAFÁ   (*Levanta la mano. A* JOAQUÍN.) ¡Eh!, ¿querrías jugar tú también?

JOAQUÍN   (*Serio.*) No. Yo no juego a esas cosas.

MUSTAFÁ   ¿Por qué?

JOAQUÍN   Vosotros lo entendéis. ¿Verdad, hijo?

ARTURITO   Sí, papá.

JOAQUÍN   Estoy hecho de otra materia.

(JOAQUÍN *comenzará a caminar en silencio, el niño va a su lado - pueden ir de la mano -, se acercan al «nivel - despacho» y comienzan a subir los dos escalones.- Empieza a sonar suavemente la banda sonora del filme «Sonrisas y Lágrimas» en la melodía correspondiente a la canción titulada «Edelweis, Edelweis».* MUSTAFÁ *y* SEBASTIÁN *los mirarán en silencio como quien contempla una barquita que se va alejando sobre el mar, hacia el horizonte. Durante unos segundos permanecerán iluminados el salón y el despacho, después, lentamente, se irá oscureciendo la luz del salón e iluminándose con una tonalidad blanca láctea el despacho de* JOAQUÍN. *En él* ARTURITO *y su padre permanecerán absolutamente inmóviles como dos estatuas de mármol hasta que termina la melodía.*)

Oscuro total.

Luz clara en el salón. ESTÍBALIZ con un plumero quita el polvo a las estanterías y a los muebles, puede tararear alguna cancioncilla. De pronto mira el bar y con el plumero bajo el brazo saca un vaso largo y la botella del whisky, se sirve uno, con cara de enorme aburrimiento se sienta en una de las butacas y aún con el plumero comienza a tomar sorbos, en realidad de «darle al whisky», se la ve algo abatida y absolutamente aburrida. Ha dejado de cantar. Mira al vacío, al techo una y otra vez, después al suelo. Está en silencio. Suena el timbre de la puerta. Sale por el lateral a abrir. Entra seguida de MUSTAFÁ que se habrá cambiado de atuendo.

MUSTAFÁ   (*Distraído.*) ¿Hay alguien?

ESTÍBALIZ   Estoy sola.

MUSTAFÁ   ¿Qué hacías?

ESTÍBALIZ   «Darle al whisky». ¿Quieres?

    (*MUSTAFÁ no dice nada. Ella va al bar y le sirve otro whisky.*)

MUSTAFÁ   (*Mirando el vaso.*) Parecemos alcohólicos...

ESTÍBALIZ   ¡Bah!, aquí es normal. O esto o «anfetas», o tranquilizantes... o cosas peores.

MUSTAFÁ   Más agresivas.

ESTÍBALIZ   Sí... No es fácil la vida, vivir no es fácil.

MUSTAFÁ   ¿Tú crees?

ESTÍBALIZ   Te aburres... es terrible aburrirse.

MUSTAFÁ   (*Con su acento*.) ¿Con un hijo tan maravilloso como «Arthur»?

ESTÍBALIZ   Sí, con un hijo como «Arthur».

MUSTAFÁ   (*Gesto*.) Eres rara.

ESTÍBALIZ   ¿Por qué?, ¿no decías que me conocías?

MUSTAFÁ   A las mujeres no se las llega a conocer jamás del todo y a vosotras menos.

ESTÍBALIZ   ¿Tú crees?

MUSTAFÁ   (*Acento*.) Las europeas sois raras, las americanas más..., sois.., sois como las serpientes.

ESTÍBALIZ   (*Bebe y ríe*.) Del desierto.

MUSTAFÁ   Puede ser. (*Mira al suelo*.) Nosotros nunca nos aburrimos... podemos sufrir, por hambre, por guerras... pero jamás de aburrimiento..., además (*Gesto; acento.*) está la fantasía...

ESTÍBALIZ   Claro, nosotras no tenemos fantasía, nos la han matado.

MUSTAFÁ   Matar la fantasía debe ser horrible. Te preparas un te con hierbabuena (*Acciona.*) lo aspiras, lo paladeas, lo bebes (*Sonríe.*), eso es la fantasía.

ESTÍBALIZ   ¡Oh, qué maravilloso eres... qué infantil!

(*Ríe.*)

MUSTAFÁ   (*Sonríe feliz de verla a ella sonreír.*) Me gusta verte sonreír de nuevo.

ESTÍBALIZ   No es fácil hacerme sonreír así... estando como estoy.

MUSTAFÁ   De tí se podría escribir un bello poema.

ESTÍBALIZ   (*Con sarcasmo.*) ¿Quién, Joaquín?

MUSTAFÁ   No. Un poema como los de «Abd al Bayati». (*Con acento.*) Hay uno que dice así:

> Caminamos hacia el mar despidiéndonos
> [del sol
> que se sumergía en una ola. Ella me dijo
> [entonces:

La poesía está prohibida como el vino,
pero yo en la poesía muero....
¿Quien es Lara o ese horizonte cerrado?
Yo le respondí: ella es el amor perdido
y el tiempo ausente, y si quieres más
ven, sumerjámonos en el mar.

Ves, la poesía es como la ilusión, da felicidad, solo
hay que sumirse en ella. Ella siempre está ahí.

(*Señala un lugar indefinido del espacio.*)

ESTÍBALIZ   Los árabes sois poetas... (*Él sonríe.*) hicisteis
la Alhambra.

MUSTAFÁ   (*Encantador, ya sin el whisky.*) Y más cosas.

ESTÍBALIZ   Es lástima haber perdido todo eso.

MUSTAFÁ   No es verdad, está ahí, a vuestro lado, a tu
lado... solo con estirar la mano y tocarlo...., lo
demás es propaganda mala.

ESTÍBALIZ   Es verdad... pero hay que estirar la mano.

MUSTAFÁ   (*Se pone en pie.*) Ven.

(*Avanza hacia ella que está sentada y le coge una
mano. Comienza a sonar la melodía de la canción «Blue Moon» interpretada únicamente a pia-
no.* MUSTAFÁ *la levanta con suavidad de la
mano y ella parece ir desperezándose de un mal
sueño, comienza lentamente a danzar de la mano*

de él pero a un metro y medio de distancia, gira, giran, se ve el dominio magistral que tienen los dos del «arte de la danza» y de la «expresión corporal», parecen hablarse con las cadencias, con los pasos, con las miradas veladas y al final —más cerca— con los arrumacos. Sonará entera la canción «Blue Moon». Al final podrá aparecer la luna llena proyectada sobre el escenario o a través de alguna «transparencia». Cuando la canción va a finalizar toda la decoración del salón se ve inundada por una luz azul... y según disminuye la música ESTÍBALIZ *y* MUSTAFÁ *saldrán suavemente por un lateral como lo pudieran hacer Leslie Caron y Gene Kelly. Luz en el despacho del escritor.* JOAQUÍN *teclea en el ordenador y lee.*

JOAQUÍN   ... Medio desesperado salió a la calle, recorría la ciudad metódicamente con un plano de la misma y al final, desordenadamente, notaba como su corazón se iba helando, de vez en cuando bebía un vasito de vodka puro que le calentaba la carne pero no el entendimiento. Al tercer día lo daba todo por perdido, aquella ciudad maldita escondía en sus entrañas a la mujer de sus sueños, Satán la tenía retenida entre sus uñas. Con los ojos llenos de lágrimas, en la noche gélida y cristalina de Estocolmo volvió la mirada hacia el sur... (*La voz se convierte en off y comenzará a sonar más grave por los altavoces del teatro mientras sigue escribiendo.*) Tambaleándose volvía hacia el hotel cuando a través de la puerta entreabierta de un pub, creyó distinguir allá, al fondo, bajo la luz tamizada y dorada, un perfil lejanamente conocido. Una joven estaba sentada frente a un hombre, una mesa de madera entre los dos, se acercó más, se asomó al umbral. (*La voz de* JOAQUÍN *deja de oírse como off.* JOAQUÍN *lee.*) Entonces no sintió nada, fue como cuando en una guerra un obús te arranca una pierna de cuajo; nada, algo de frío. Abrió levemente los labios. Era ella. Allí estaba Malín Loebner.

(*Suena una grave y solemne música, el «Réquiem» de Mozart o algo por el estilo. Suena una voz impersonal y desconocida por los altavoces. Aparece* MALÍN *junto a* JOAQUÍN, *va vestida de una manera informal pero guardando siempre toda su belleza inefable. De pronto comenzará a encogerse, apretará los labios y contraerá sus facciones.*)

VOZ   (*Voz en off.*) La chica efectivamente se encogió, apretó los labios y toda su cara se contrajo como al ver algo espantoso, era una mezcla de asombro, pavor, fascinación y miedo.

(MALÍN, *la actriz, rehará su figura e irguiéndose levantará su brazo derecho todo lo largo que pueda y con el dedo índice, señalando a un punto concreto, dirá con su acento nórdico, muy despacio.*)

MALÍN   Mi.... guel.

JOAQUÍN   Tambaleándose como un espectro, el escritor
           llegó hasta la chica; entonces dijo con voz rara,
           rasposa, de ultratumba.

MIGUEL   (*Voz en off.*) Vamos... Vámonos al hotel...
           Hay que volver al sur.

           (*La luz que ilumina a* MALÍN *va desapareciendo.
           La luz seguirá iluminando a* JOAQUÍN *que no para
           de escribir.*)

JOAQUÍN   Ella lo siguió como un robot, la fuerza que ema-
           naba de Shwarth era tal, tan infinita, que era
           como la muerte: había ganado la batalla.
           Ahora volvía a llevar la iniciativa. (*Deja de es-
           cribir, mira más allá del ordenador, a un punto
           inexistente y se toca las sienes con ambas manos.
           Suspira y murmura.*) ¡Uf, ya se han vuelto a en-
           contrar!

           (*Luz en el salón.* ARTURITO *con el libro en las
           manos está leyendo a* SEBASTIÁN *un pasaje de «El
           viejo y el mar»*).

ARTURITO   (*Lee.*) ... Era un viejo que pescaba solo en una
           barca en la corriente del golfo y llevaba ochen-
           ta y cuatro días sin coger un pez. Durante los
           primeros cuarenta días había tenido consigo
           al muchacho. Pero después de cuarenta días sin
           haber pescado, los padres del muchacho le ha-
           bían dicho que el viejo estaba definitiva y re-
           matadamente «salao»...; entristecía al muchacho

ver al viejo regresar todos los días con su bar-
ca vacía y siempre se acercaba a ayudarle a car-
gar los rollos de sedal o el bichero y el arpón
(*Suspira. breve pausa. Pasa hojas.*) El viejo su-
jetó delicadamente el sedal y con la mano izquierda soltó la varilla verde. «A esta distancia
de la costa, en este mes, debe de ser enorme, pen-
só el viejo y añadió: cómelas, pez, cómelas; por
favor, cómelas, están de lo más frescas y tú ahí,
a seiscientos pies, en el agua fría y a oscuras,
vuelve a comértelas... (*Nueva breve pausa.
Lee.*) Ojalá estuviera aquí el muchacho, para
ayudarme y para que viera esto. Nadie debería estar solo en la vejez. (*Mira al sacerdote. Mira
al libro. Lee.*) Había visto la segunda aleta, luego cogió el remo al que había ligado el cuchillo, lo levantó levemente, podía ver sus anchas
y aplastadas cabezas, eran unos tiburones
odiosos, carroñeros y asesinos. (ARTURITO *levanta los ojos con estupor y le dice a* SEBASTIÁN.)
¡Se comerán al gran pez! (*Vuelve a ojear y a
leer.*) Ya no le podía hablar al pez porque estaba demasiado destrozado. Medio pez —dijo
el viejo— el pez que has sido. Siento haber-
me alejado tanto. Nos hemos arruinado los
dos. pero hemos matado muchos tiburones...
¿Qué vas a hacer ahora si vienen de noche?
(*Cambia ahora un poco la voz, como si interpretara.*) Pelear contra ellos. Pelearé contra
ellos hasta la muerte. (*A* SEBASTIÁN.) Tiene mucho valor Santiago, pero a veces me da
pena....

SEBASTIÁN   No debe de darte pena, es el coraje lo que más se valora en la vida, ganar o perder es lo de menos. El viejo Santiago tiene mucho coraje, tiene más coraje que muchos jóvenes actuales. Eso es lo que vale.

ARTURITO   Sí... pero los tiburones...

SEBASTIÁN   La vida está llena de tiburones; la vida es como el mar.

ARTURITO   (*Asombrado.*) ¿Tú crees que existen tiburones en la vida?

SEBASTIÁN   ¡Oh, ya los verás en cuanto seas más mayor!

ARTURITO   (*Asustado.*) Entonces no quiero ser mayor... nunca.

SEBASTIÁN   (*Ríe.*) Nadie puede permanecer así toda la vida. De mayor tendrás más defensas... armamentos, (*Sonríe con sus dientes tan blancos.*) arpones y cosas por el estilo.

ARTURITO   ¿Pistolas?

SEBASTIÁN   El viejo Santiago no tenía pistolas, luchaba solo con su cuchillo, con su arpón y con los remos, bueno, al final con los pedazos de estos.... Hay batallas heroicas que se ganan aunque parecen que se van a perder. Tienes que ir preparándote para esas batallas.

ARTURITO   ¿Como Harry Potter?

SEBASTIÁN   En la vida no existe la magia, ni las varitas que vayan a sacarte de los malos momentos... de los momentos... (*Piensa.*) críticos... Quiera Dios que no te lleguen nunca.

ARTURITO   (*Inocente.*) ¿Entonces?

SEBASTIÁN   Tendrás que armarte del coraje, del valor y la dureza de ese curtido y viejo pescador en el que ya nadie creía.

ARTURITO   Nadie no; el muchacho.

SEBASTIÁN   Manolín sí, Manolín cree en él, por eso es su amigo, el verdadero amigo aparece cuando todos los demás han desaparecido.

ARTURITO   ¿Existen verdaderos amigos?

SEBASTIÁN   (*Cariñoso.*) Yo creo que sí; aparecen cuando más los necesitas.

ARTURITO   ¿Jesús es uno de ellos?

SEBASTIÁN   (*Sonríe.*) Pues sí.

ARTURITO   .... Pero no se le vé.

SEBASTIÁN   Ya lo verás cuando lo necesites.

(*Ambos quedan en silencio mirando hacia el suelo.*)

ARTURITO   ¿Tú lo has necesitado?

SEBASTIÁN   Sí. Si no fuera por él yo no estaría aquí.

ARTURITO   ¿Qué harías?

SEBASTIÁN   (*Gesto.*) No lo sé.

ARTURITO   Sebastián, ¿crees que el mundo es bueno?

SEBASTIÁN   (*Pensativo.*) No del todo... Es como la pelea de «El viejo y el mar».

(*Comenzará a sonar una de las melodías del musical «La Bella y la Bestia», quizá la última o la más melancólica. El escenario se llena de reflejos ondulantes del mar, irisaciones de las olas o algo por el estilo que se superpone a los personajes y al decorado. En un «fundido musical» comenzará a sonar la canción base de «El mago de Oz». Desaparecen ARTURITO y SEBASTIÁN. ESTÍBALIZ y MUSTAFÁ están bailando la nueva melodía sobre una proyección del filme que hiciera Judy Garland. La vestimenta de ambos puede ser más etérea y elegante, él puede vestir incluso un esmoquin negro o rojo con lentejuelas; ella una blusa y una falda vaporosa o enseñando hasta media pierna o incluso una de lass piernas con*)

71

una abertura, la de la falda, hasta la cadera.
El baile tendrá un alto contenido en elegancia y
erotismo. Cuando terminan de bailar, al finali-
zar la música, ella queda en pie a su lado. Se mi-
ran a los ojos.)

ESTÍBALIZ ¡Oh, Mustafá, me haces soñar!

MUSTAFÁ (*Con acento.*) Me devuelves la ilusión de vivir. ¡Eres mi diosa!

ESTÍBALIZ ¿Crees que podríamos...?

MUSTAFÁ (*Sonríe. Con acento.*) ¿Volver a vivir?

ESTÍBALIZ Eso...

MUSTAFÁ (*Con acento.*) Claro, Estíbaliz... Vivir es muy
fácil, cuando reina el amor... ¿Tú sientes amor
por mi?

ESTÍBALIZ No lo sé..., aún no lo sé.

MUSTAFÁ Ven, volvamos a bailar. (*Suena de nuevo la melodía base de «El mago de Oz». Vuelven a bailar más lentamente, la «expresión corporal» de*
ESTÍBALIZ *denotará cierta indecisión o timidez,*
MUSTAFÁ *está muy atractivo, pletórico y árabi-
go, prácticamente la va deslizando a través del
escenario.*) ¡Y ahora?

ESTÍBALIZ No lo sé, Mustafá.

(*Se tapa la cara y solloza.*)

MUSTAFÁ   Ven. (*La coge entre sus brazos.*) Ven, ¿qué tienes?

ESTÍBALIZ   No sé.

(*Solloza suavemente. Él le ccaricia la cara y va secando las lágimas de sus mejillas.*)

MUSTAFÁ   No llores. Me gusta verte siempre feliz.

ESTÍBALIZ   (*Serenándose.*) Lo soy.
MUSTAFÁ   ¿Entonces?

ESTÍBALIZ   Había olvidado lo que era esto....

MUSTAFÁ   Ven (*La besa suavemente en los labios.* ESTÍBALIZ *sonríe.*) Ven; no pasa nada... Ven.

(*Se abrazan el uno al otro fuertemente. Están abrazados en el centro del escenario, la luz se hace rojiza, vuelve a sonar con fuerza «El mago de Oz» y a proyectarse las imágenes del film; el espántapájaros, el hombre de hojalata, etc. La música perdurará un cierto tiempo aunque hayan desaparecido los protagonistas de forma que llegará a impregnar los sentimientos de los espectadores. Cuando termina no se hace el oscuro total, la luz se vuelve azulada, de pronto suena el picaporte de la puerta y entra* JOAQUÍN *con su atuendo de siempre, chaqueta de pana beige clara, pantalón rojizo y zapatos de ante, también la bufanda. El escencrio se ilumina con la luz de*

73

la media tarde. JOAQUÍN *da algunos pasos desgarbados por el escenario y se fija en una hoja de papel que hay sobre la mesita, la coge y lee, no da crédito a lo que lee, vuelve a cogerla y lee en voz alta.*)

JOAQUÍN   (*Lee.*) Joaquín, me voy para siempre, no quiero que lo tomes a mal, me he llevado mis pertenencias, mis trastos, también al niño, le verás cada diez o quince días, ya te avisaré, no me busques, será peor, además no me encontrarías. Nadie tiene la culpa de nada. La vida es siempre volver a empezar. De alguna forma te querré siempre. Estíbaliz. (JOAQUÍN *parece tambalearse, se sujeta la cabeza con la mano que le queda libre. Al fin cae hundido en uno de los butacones, se pone la mano en el mentón, parece pensar, pero de pronto, de forma sorprendente, rompe a sollozar. Se tapará los ojos con una mano. Hay una leve pausa y comienza a sonar levísimamente, muy lentamente, la canción «Begin the Beguín». Parece que se recupera un poco, está volviendo a leer la carta en silencio, se enjuga la cara con la manga de la chaqueta. Al fin se pone de pie y con pasos vacilantes avanza hacia su despacho, sube penosamente los dos escalones que separan ambos niveles como si se tratara del Everest, resopla, se deja caer en su butaca frente al ordenador, se sujeta la cabeza con ambas manos y mira hacia lo alto, después vuelve a sollozar suave y lentamente, se encoge y como un niño en su pupitre esconde la cabeza entre los brazos. De pronto, con un esfuerzo sobrehumano, comienza a teclear a la vez que murmura en voz alta.*) Una noche Brigitte entró en la habitación de Malín, que dormía junto a la cuna de su hijita. «Malín, Malín» —susurró la anciana—. Malín abrió los ojos en la oscuridad. «Malín soy yo, Brigitte». «¿Eh?». La sueca encendió la luz de la mesilla. Malín movió la cabeza, sus cabellos rubios se balancearon. Se pasó la mano sobre la frente. «Miguel y Lucía eran felices, ¿no lo entiendes? ¿Eh?».

MALÍN   (*Voz en off.*) ¿Eh?

JOAQUÍN   (*Voz en off.*) ¿Eh?

BRIGITTE   (*Voz en off.*) ¿Eh?

MALÍN   (*Voz en off con eco y acento nórdico.*) ¿Eh? (MA-LÍN *comienza a aparecer de una forma «sobre-natural» al lado del escritor que teclea.*) ¿Eh?

     (*El escritor levanta la cabeza del teclado y se vuel-ve lentamente.*)

JOAQUÍN   Malín, eres tú, ¿verdad?

MALÍN   Sí, soy yo, «Joachim». (*Con acento nórdico.*) Lo sé...

JOAQUÍN   Sufro mucho...

(*Se tapa la cara con las manos; solloza.* MALÍN *le acaricia suavemente el pelo de forma algo distante y con una sola mano.*)

MALÍN   (*Sonríe graciosamente.*) ¿Por qué no dejas la novela un rato?

JOAQUÍN   (*Angustiado y perplejo.*) Sería... peor...

MALÍN   ¿Por qué?, ahora estoy aquí contigo.

JOAQUÍN   Estás en mi mente.

MALÍN   Y en tu corazón....

JOAQUÍN   Sí, tú lo sabes... Soy todo tuyo.

MALÍN   (*Sonríe maliciosa.*) Yo no soy más que parte de ti...

JOAQUÍN   (*Reconoce.*) Los dos somos una misma cosa.

MALÍN   (*Sonríe maliciosa.*) Solo que distintos. (*Está hermosísima. Turbadora. Comienza a sonar de nuevo, como al principio de la obra, la melodía «Cheek to Cheek», primero cantada por el propio Fred Astaire y más adelante a gran orquesta; Ray Coniff, por ejemplo. Tendiéndole la mano.*) Vamos... Vamos, «Joachim».

(JOAQUÍN *se pone lentamente en pie y al principio suavemente y más adelante absolutamente coordinado con ella, comienza a bailar junto a*

MALÍN; *al principio elegantemente, medio abrazados, a una distancia corta, y al final como au-
ténticos bailarines a metro y medio o dos metros
de distancia y abarcando todo el escenario. Con
la banda sonora original de «Cheek To Cheek»,
de Irving Berlin, caerá lentamente el telón. Después volverá a elevarse para que salude toda la
compañía. Al principio podrán hacerlo bailando la canción.*

Fin.

Madrid, otoño 2024.

Esta primera edición de *cheek to cheek*,
de Germán Ubillos, terminó de imprimirse
en diciembre de dos mil veinticinco,
en Madrid.